Cantabria

Emilia Pardo Bazán

Cantabria

casimiro

casimiro [*casimiroa edulis*]

Título original: *Desde la montaña*:
artículos, escritos entre agosto y septiembre de 1894, publicados en el periódico madrileño *La Época*, y luego reunidos en el volumen *Por la España pintoresca*, López editor, Barcelona, 1895.

ISBN: 979-13-87675-08-0

ÍNDICE

Cuando nos resolvimos a salir en dirección a este conocidísimo establecimiento balneario, confieso que hasta ignoraba que se encontrase situado en la provincia de Santander, la *tierruca* de Pereda, el único punto de la zona cantábrica que no había yo visitado nunca.

–Me alegro –pensé–, así veremos la Montaría con vista de ojos; que por más descrita, y bellamente descrita, que ande en artículos y libros, el verla ha de ser diferente, y todavía mejor como recreo.

Dejadas atrás las planicies castellanas, nos pareció entrar en nuestra Galicia, al atravesar la interminable serie de túneles que desde Reinosa horadan los montes, y por los cuales se enhebra el tren, para surgir a respirar, ya entre doble talud de peñascos, ya asomándose a la vía y deleitándose en la frondosidad de los repuestos valles y en la caprichosa aparición de los ríos, destrenzados sobre lajas enormes.

Declaro que el recorrido entre Palencia y Santander es capaz de quebrantar los huesos a quien los tenga más flexibles y resistentes. Sin duda la vía se encuentra desnivelada, y aun cuando el tren no va de prisa, lleva un traqueteo intolerable. A fin de olvidar la molestia, hay que colgarse de las ventanillas y distraerse con el paisaje, cada vez más fresco y grandioso. Ahí tenemos las Fraguas, nombre que la amistad me hizo familiar desde épocas ¡ay! remotas: ahí todo el valle de Buelna, que despierta en mi memoria reminiscencias del *Victorial* y del conde D. Pero Niño; ahí a Caldas de Besaya, su lindo puente y su *Salto del Pasiego*; ahí Torrelavega, pueblo de antiguo origen y prosperidad reciente; y por allá arriba, en los picos que azulean a la claridad de la mañana, los despeñaderos donde rueda el torrente y donde la atmósfera debe de ser como cristal.... Nosotros nos ahogamos entre la amarilla polvareda que el tren levanta.

En Renedo acoge nuestros fatigados cuerpos una de esas *cestas* anchas y corredoras, tan agradables para hacer camino en verano; y sin gran brío, pues realmente los jacos deben estar aún más rendidos que los viajeros, se pone en marcha hacia Ontaneda, término de nuestra jornada. Gran alivio y apacible sensación, después del calor y los remolinos de polvo y el cunear del tren, ir como de paseo por ancha carretera, que orlan pueblecitos y caseríos, torres de iglesia y fábricas; el balneario de Puente Viesgo –al cual miran melancólicos los grandes ojazos de su gallarda puente–, tupidas arboledas, matorrales donde el blanco sauco tiende sus randas finas, y prados de felpa verdegay. Siempre creí que esta tierra se asemejase a la mía, pero no tanto. Es el mismo verdor, nutrido por la humedad constante; el mismo vapor acuoso suspendido en la atmósfera y pronto a caer en forma de lluvia o neblina; el mismo celaje gris, del delicado tono que tienen las volutas del humo de un rico cigarro; las mismas brumas, que sólo se encienden y colorean a la puesta del astro rey (aquí *virrey* todo lo más); el mismo campo, que oculta cuidadosamente el ingrato color del terruño bajo espesísimo vellón de hierba y flores...

Y ya que he nombrado las flores, me armaré de valor y sinceridad y afirmaré que ni en Galicia ni en país alguno de los que he recorrido –exceptuando quizás el Tirol y la sierra de Córdoba–, he visto tanta flor campestre, ni tan bonitas y variadas. Doble seto de zarzarrosa, eglantina y sauco guarnece la carretera, como un encaje dotando a la orilla de un vestido de verano.

Dejado atrás Puente Viesgo –las famosas *aguas del corazón*–, nos sacan de un caserío dos tazas de gruesa y sabrosa leche, y recobramos ánimo con ella, pues ya ni nos acordábamos del almuerzo de Reinosa. ¡Ah! ¡Bien venida la Montaña, donde pacen las vacadas en los altos puertos; la Montaña, que es aldea y no desierto, como las áridas mesetas donde se tuesta o tirita Madrid!

Hemos dado fondo en Ontaneda. Nos encontramos casi solos en el Gran Hotel, que justifica su nombre, porque para animarlo y llenarlo se necesitaría un enjambre de huéspedes. La gente concurre tarde a estas aguas, y sólo al cerrarse las Cortes se abre aquí la verdadera *season*. Creo que es preferible el aislamiento y la calma de que gozaremos; mas no dejo de comprender que una fonda y un balneario de estas proporciones, con menos de cien bañistas no empiezan a poblarse. El hotel nos causa excelente impresión; el edificio es desahogado y bien distribuido; la comida sana y abundante; el comedor amplísimo; el día en que lo alumbre la electricidad, no estará triste, aunque se reduzca la concurrencia, como ahora se reduce, a la apreciable y distinguida familia del médico director y a los ocho o diez bañistas que hemos madrugado.

Previa la indispensable consulta al doctor, visitamos las aguas, que van a libertarnos de algunas molestias, aunque de ningún sonrojo; pues a pesar de la opinión expresada por don Rodrigo Amador de los Ríos en su

10

obra *Santander*, (que forma parte de la que, bajo el título *España, sus monumentos y artes*, publica la casa Montaner en Barcelona), no todos los achaques que en Ontaneda se curan son "más o menos vergonzosos;" como no cause vergüenza el haber de sufrir las impertinencias del reuma o las flojedades del linfatismo. Ciertamente que mi amigo el sabio arabista se muestra muy despiadado con estos manantiales y con los pobrecitos dolientes que acudimos a ellos.

En el balneario hay instalados profusión de aparatos para la aplicación de las aguas, y produce grata impresión el esmerado aseo de todos sus departamentos.

Las aguas se denuncian, desde respetable distancia, por un pronunciadísimo tufo infernal, o sea olor a azufre, circunstancia que antaño inspiró a D. Antonio Ros de Olano el incorrecto epigrama siguiente:

"Cayó enfermo un diablo inmundo,
y le recetó Esculapio
el método hidroterápico
de las aguas do este mundo.
Tras él vino otro segundo
y otros mil con sus esposas,
cuyas llagas espantosas
se curaron sin dolor:

de aquí procede el olor
de las aguas sulfurosas."

Cuájase el azufre al pie de una fuente en gruesos borbollones petrificados, sedimento de la fuerte mineralización de este chorro. Parece que todo el valle de Toranzo, donde Ontaneda tiene asiento, es propiamente una caldera subterránea en perenne ebullición. Yo me represento el fondo del valle perforado y surcado por múltiples galerías, a guisa de topinera abierta en las capas de caliza y marga. Se conserva aquí muy vivo el recuerdo pavoroso de las pesadas bromas que la madre Naturaleza jugó en otras épocas a los toranceses: el valle padeció formidables cataclismos, abriéndose la tierra y vomitando la montaña, entre horribles truenos y violentas convulsiones, torrentes de agua, enormes cachotes de piedra e increíble cantidad de guijo. Según el cronista de tan desapacibles fenómenos "insignificantes riachuelos se convirtieron en ríos caudalosos, y el humilde Pas parecía transformado en mar embravecido." El olor a azufre era cual si se hubiesen roto todas las calderas de Pedro Botero; la inundación arrebató barrios enteros; la tierra se tragó casas, no dejando de ellas ni señal, y la topografía de la región quedó profundamente modificada.

A bien que el valle de Toranzo no las gasta así sino una vez cada siglo o cada dos siglos. Se me figura que no gozaremos la bíblica emoción de que la tierra se abra bajo nuestras plantas y nos deje ver en sus ardientes entrañas el laboratorio de las aguas minerales. Hoy todo es tranquilidad y risueña hermosura. Ontaneda y Alceda, que es su prolongación, forman un pueblecillo largo y estrecho, de una sola calle, en la cual alternan los *pazos* nobles, de portalada enfática y blasones arrogantes, con las quintas alegres y los coquetones *chalets* modernos y con las casucas pobres y semirruinosas, alguna de ellas también muy provista de escudos de armas y heráldicos emblemas y divisas. Estas *casonas* aristocráticas o *pazos* erguidos y ceñudos, revestidas y a sus piedras con la pátina del tiempo, se diría que reniegan de la animación balnearia que vino a interrumpir la grave dignidad de sus ensueños seculares.

Estando tan vecinos como están los dos manantiales de Ontaneda y Alceda, y siendo una misma su composición, no podía menos de establecerse entre ambos la inevitable rivalidad.

Todo ser tiene su enemigo natural, y el de Ontaneda es Alceda. La primera tarde que salí de paseo por estos alrededores, llevóme hacia Alceda la casualidad, y caí prisionera (valga la frase) de las atenciones y demostraciones del dueño del Gran Hotel de Alceda, que me hizo recorrer, dependencia por dependencia, todo el establecimiento, y admirar la gran piscina natatoria. A imitación de los cuákeros, o tal vez por propia inspiración, los señores propietarios de estas aguas han adornado las paredes con sentencias en verso. Para muestra recojo dos:

"Esta agua todo lo cura
menos pobreza y locura.
Aplíquese bien el modo,
que esta agua lo cura todo."

Los apotegmas me parecieron sumamente consoladores, y ya creo que he de beber con más fe la bendita agua. De Alceda saqué otra sorpresa: las gracias y arrumacos de un lorito muy bien adiestrado por el señor Uría. No en vano me aseguró su dueño que en Madrid, en corros y tertulias, apenas se habla de otra cosa más que del lorito. Si no se habla debiera hablarse; que no merece menos este lorito salado y parlanchín de lo que consiguió aquel un día célebre perro Paco.

No me atrevo a creer que las aguas de Ontaneda y Alceda lo curen todo; lo que sí a seguro es que infunden un sosiego y despiertan un apetito voraz que deben de ser principio de las más difíciles curaciones.

Regularizada y a nuestra vida balnearia; consagrados à la metódica tarea de ingerir agua sulfurosa, pulverizarse, bañarse, *ducharse* y pasear arriba y abajo lo correspondiente a operaciones tan higiénicas como aburridas, todo mi afán de emprender excursiones, toda mi impaciencia por registrar la Montaña ha tenido que someterse a la superior razón del plan curativo, limitándose nuestras correrías a las que pueden realizarse por la tarde, después de cumplida la faena termal y despachada la comida, que se sirve temprano, según costumbre en esta clase de establecimientos.

No obstante la restricción, no nos falta que ver y recorrer. Sin hablar de la estación termal de Puente Viesgo, que a los profanos en medicina no nos ofrece otro interés que el de un pintoresco, abrupto y hermosísimo paisaje suspendido sobre el río, tenemos bien cerca el solar de Quevedo, y no muy lejos, en Villacarriedo, el palacio de Soñanes. Preciase y alábase la Montaña de que, si bien hasta el presente siglo no rodó en ella la cuna de escritores de alta fama, en cambio, de linaje montañés y de solar radicado en esta tierra proceden algunos de tan universal renombre como el marqués de Santillana, Garcilaso de la Vega, Lope de Vega, Calderón de la Barca y D. Francisco de Quevedo. No es oriundez discutida y conjetural, como la oriundez gallega de Cervantes, sino abolengo claro y probado, pues en la Montaña los linajes andan colados por tamiz y se conocen al dedillo las genealogías. Y ya que viene a cuento lo de los linajes, diré algo que me ocurre acerca de ellos, comparándolos con los de mi tierra. Si, por cierto estilo, todos los linajes son igualmente viejos, pues se remontan hasta el manzano del paraíso terrenal, como quiera que el principiar a distinguirse una familia pende de circunstancias especiales, verbigracia, hechos históricos, que originan su gloria o aumentan considerablemente su influjo y riqueza, claro está que unos linajes son mucho más antiguos que otros, y se les compara al vino generoso embotellado, que al transcurrir años gana aroma, fortaleza y precio. La nobleza de sangre tanto es más calificada, cuanto es más añeja.

Ahora bien, si mis observaciones no son, como de viajero de paso, engañosas y superficiales, en la

Montaña, donde se ostentan con magnífica pompa los timbres nobiliarios, proclamándolos en lemas altaneros y derrochando blasones en cada lienzo de pared, sólo veo dos fechas señaladas, de las cuales puede provenir todo el lustre de sus casas infanzonas e hidalgas: la de la conquista de Sevilla, en que tanto auxiliaron al Santo Rey Fernando las galeras de las Cuatro villas de la costa, y la del descubrimiento y Colonización de América, en que también se adelantan los montañeses. Así como la nobleza de Galicia pierde camino desde el siglo XIV, por su adhesión a don Pedro de Castilla y resistencia a la usurpación de Trastamara, y desde el XV consuma su ruina por su adhesión a la perdida causa de la *Beltraneja*, en la Montaña coincide el incremento de los linajes con el incremento de la Monarquía española, que desde San Fernando encuentra su base ideal. De aquí saco en limpio que nuestros linajes gallegos –en su mayor parte fundados y poderosos desde el período suévico, y dueños de verdaderos privilegios señoriales y feudales que ningún Monarca otorgó, pero que sancionaron el valor, la costumbre y el dominio– son realmente más viejos, y por consecuencia más ilustres.

En el romance de los Ceballos, que cita Amós Escalante en precioso libro, breviario del excursionista por la Montaña, veo algo que confirma esta presunción mía, y demuestra cómo también en la Montaña se juzgaba inferior, y, digámoslo así, *haitiana*, la nobleza conferida por Reyes. He aquí el fragmento de romance en toda su altanería:

"De Jerusalem vinieron
el Infante don Pelaio
y con él un caballero
Zeballos infançonado,
que las breñas de Pereda
convirtió en logar poblado.
Nuevas armas le da el Rey
porque venció al renegado:
peral verde y peras de oro
con un lobo atravesado.
Cavallero soy, señor,
de linaje señalado,
armas tengo muy nobles
que me dejó mi passado;
las que me dio Vuestra Alteza
tomo para esse criado,"

Prescindiendo de estas menudencias, y considerando la cuestión de linajes desde otro punto de vista, trabajo le mando al discípulo de Lombroso que quiera explicar, por influencias de clima, genios tan diferentes como los de Quevedo y Calderón de la Barca, el bufón y el teólogo, el autor de las jácaras y el de los autos sacramentales, ¡las dos caras del Jano nacional!

Para trasladarnos al solar de Quevedo desde el balneario de Ontaneda, sólo tenemos que dar un corto paseíllo al lugar de Bejorís, a la orilla opuesta del río Pas.

El río Pas –con todas sus ínfulas y desplantes– en esta época del año va casi seco. Para cruzarlo podemos optar entre varios medios: o la travesía en una barca chata, que se impulsa agarrándose a una cadena tendida de margen a margen, o un puente de madera, podrido, casi desbaratado ya, y que sólo espera, para acabar de hundirse, a que pase alguno, o la serie de brincos por los *atrancos* y *paseras*, como aquí dicen –*poldras*, que decimos en Galicia–, piedras desiguales, echadas a través del río, y desgastadas por la corriente. Optamos, a la ida, por la barca, y a la vuelta, por los *atrancos*; y después de ascender una cuesta bastante agria y de salvar vallas y portillos, entramos en el prado del Escajal, donde no ha mucho (según afirmó un aldeano muy viejo) aún se distinguían ruinas de la que fue casa solariega del gran satírico español.

No puedo repetir el verso de la famosa *Canción*, y exclamar: "de todo apenas quedan las señales," pues ni señales quedan. Creo que se proyectaba elevar aquí un monumento sencillo a la memoria de Quevedo, y hasta se allegaron fondos; pero el proyecto no se llevó adelante, y el labriego, al defender con humilde valla su heredad, fue arrancando y sirviéndose de la última cimentación de aquel solar tres veces esclarecido.... Esas piedras son probablemente las mismas que desbaratamos para saltar más fácilmente la cerca. Una inglesa carga con ellas y las convierte en prensa-papeles después.

"Años hace –escribe Amos Escalante en el citado libro *Costas y montañas*, único digno de rivalizar en primor descriptivo con *La Alpujarra*, de Alarcón– le señalaban (al solar de Quevedo) cuatro arruinadas paredes, vestidas de zarza y helecho, sobre el áspero declive de un prado, llamado el Escajal, cuyos gallardos robles saltea el Pas en sus avenidas, y se los lleva de uno en uno, con la tierra donde arraigan." No debía de estar ya muy firme en vida de Quevedo la casa de sus mayores, cuando él mismo la describía así:

"Es mi casa solariega
más solariega que otras,
pues por no tener tejado,
le da el sol a todas horas."

Siendo Quevedo montañés de casta, no hay que decir si luciría su familia una divisa tremenda. En efecto, la lucía, y tal, que, si ha de dársele crédito, el primer Quevedo fué el *que vedó* a los moros entrometerse por esta parte de España; y no se lo vedó del modo ordinario, recibiéndolos a lanzadas, sino con sólo una orden: "porque así lo mandé y o, " reza la divisa. Esta hombrada singular, que parece análoga a los misterios de la hipnosis, nos autorizaría, si estuviésemos de humor, para nombrar a Quevedo *Monsieur Veto*, como los revolucionarios franceses a Luis XVI.

No adivino por qué lleva este delicioso prado el feo nombre de *Escajal*. No abundan en él los escajos, tojos, aliagas o argomas –que si no me equivoco es una misma planta, picona y triste– y en cambio crece una hierba mullida y suave que casi nos llega a la rodilla, y un océano de flores silvestres, más grandes, más diversas, más ricas de colores aquí que en parte alguna. La chiquilla aldeana que nos sirve de guía está haciendo un ramillete, y con su cara morena y fresca y el haz de flores en los desnudos brazos, parece un cromo idílico.

Literalmente nadamos, nos anegamos en esta flora admirable. El trébol rosa, amarillo y blanco; las salvias melifluas; las orquídeas raras y delicadas; los enhiestos gladiolos; los acianos o *blués*, tan de moda hoy, que pasan del azul zafiro al azul turquesa; las remilgadas minutisas; las biznagas, que en el centro de su umbela blanquísima tienen una gota de sangre; las valerianas lujosas; la amarilla cicuta; el cardo arquitectural; las medicinales manzanillas; las margaritas, que en sus pétalos llevan la revelación del destino; las vaporosas gramíneas; el miosotis, lleno de nostalgia.... se agrupan y entremezclan formando un tapiz recamado y aromoso, de cuya belleza primaveral no sabré dar idea a quien piense que los jardines más hermosos los planta y cuida el jardinero.

Sin duda esta riqueza floreal es propia del valle de Toranzo, pues al ir a Villacarriedo noto que escasean ya las flores.

Una muralla vetusta, flaqueada de cubos, revestida de hiedra, que queda a nuestra derecha, es el solar del *Fénix de los Ingenios.* Al entrar en Villacarriedo y antes de entrar en el pueblo mismo, nos detiene el palacio espléndido, propiedad y residencia habitual de don Fernando Fernández de Velasco y Soñanes.

A fin de ver el palacio emprendimos la excursión, si bien ocasionalmente he celebrado conocer el Colegio de los Padres Escolapios, que me lo enseñaron con detenimiento y amabilidad, sabiendo yo de antemano los hijos de San José de Calasanz educan bien y robustecen mejor a los muchachos que se les confían.

Si he de juzgar por el apellido de Soñanes, el actual poseedor del palacio lo heredó de su familia materna. Al unirse los Díaz de Arce con los Velascos, juntóse, como suelo decirse, el hambre con la gana de comer, ó, para que no se interprete mal, reuniéronse dos casas igualmente preciadas de su origen. Los Velascos ya sabemos que existían "antes que Dios fuera Dios y los peñascos peñascos" –blasfemia heráldica que no sé cómo pudo dejar correr la Inquisición– y los Díaz de Arce proclaman su sangre real por boca de los fieros leones tenantes de su escudo.

Al detenerme maravillada frente al palacio de Soñanes, le encuentro más afinidad con una rica iglesia del estilo peculiar del Borromino que con la morada de un señor. Lleva la fecha de 1719, época en que todavía no nos infestaba el tedioso neoclasicismo, y la arquitectura española encontraba una de sus mejores fórmulas con la escuela churrigueresca. Las dos fachadas del palacio, con sus estriadas columnas, sus floreadas ménsulas, su ornato de hojas, sarmientos y racimos de vid, sus jarrones, sus capitelillos y sus coronas y cenefas de elegantes pináculos, parecen retablos soberbios, tallados y dorados, contribuyendo a esta impresión el matiz de ámbar que adquirió la piedra y los emblemas y los ángeles que, con espada desenvainada, guardan el ingreso del palacio.

Se cuenta que tan opulento edificio fue erigido con la plata que remitía desde Lima un virrey. Quiso un día el virrey enterarse de cómo marchaba la obra, y al verla, ordenó indignado que la quemasen inmediatamente, partiendo para no volver nunca. Ignoro si debe creerse el hecho; lo cierto es que, por fortuna, el palacio no ardió, pero quedó sin terminar su monumental y tétrica escalera.

Por dentro, el palacio revela los gustos aristocráticos, selectos, exquisitos, de su dueño, señor cuya fama de romancesca hidalguía ha traspasado los límites de la Montaña. Aunque D. Fernando Velasco se encuentra con su familia en Vichy, podemos decir que le hemos visto, con su chambergo y su apostura del siglo XVII, en el mobiliario de su casa. Hay allí libros raros, vargueños, armas, cuadros de mérito, y una galería de retratos procedentes de la casa de Hijar, atribuidos algunos de ellos, nada menos que al Ticiano y a Pantoja. Las gallardas cabezas y las enjutas fisonomías de los antepasados me acompañan, por decirlo así, fijas en mi memoria, mientras regreso a Ontaneda.

El solo nombre del valle de Pas trae a la imaginación
ideas.... ¿cómo diré?, ideas ubérrimas, que evocan el
recuerdo de cierto lienzo famoso del Museo del Prado,
conocido entre los pintores por *el cuadro de la Fecun-
didad.*

Al oír *valle de Pas*, diríase que vemos un derroche de
formas plásticas, un insolente alarde de robustez, vitali-
dad y carnes sanas y firmes, y, al par, racimos de chi-
cuelos, un hervidero de bebés mamones que ríen, con
una perla de densa leche entre los rosados bezos.... Nos
deslumbra el rojo fuerte de las sartas de coral; nos ciega
el azul de las cuentas de vidrio y el relucir de las arraca-
das de filigrana pendientes de rollizas orejas; nos recre-
an los tonos gayos de pecheras y justillos, la majeza de
las amplias sayas de ruedo galoneadas y del pañuelo de
seda que cubre la trenza dura de la pasiega beldad.... y
ese atavío pesadote, chillón, con huellas de primitivas

costumbres, se nos figura el símbolo del vigor nutritivo, el contrapeso de la anemia de nuestras razas, gastadas y afinadas por la fatiga nerviosa y cerebral.

De aquí salía la mujerona, recia y bien plantada como la diosa Cibeles, destinada a transfundir en las venas de los regios vástagos una sangre pura, apacible, jugosa, nunca alterada por los cuidados y las cavilaciones que el alto puesto lleva consigo. –Su montesina figura, sus carrillos de albérchigo, hacían sonreír de gozo a las pálidas reinas recién paridas y exangües.... –Nuestra gran Monarquía descansaba, como un edificio sobre toscas cariátides, sobre senos de pasiegas cerriles.

No era sólo el plantel do amas de cría lo que yo deseaba ver en el valle de Pas. Me estimulaba la curiosidad el conocer una raza extraña, porque el pasiego, como el mará gato, es un elemento étnico mal definido, sin clasificación satisfactoria. Al pasiego, unos le creen celta, otros moro, otros *gipsy* o gitano. Del celta tiene la cautela, el disimulo, la sorna, el contestar pregunta con pregunta, el encubrirse mutuamente con masónica solidaridad; del moro, el instinto nómada; del bohemio, el arte del trueque y la venta, el vivir siempre en acecho y ojo avizor –aun cuando esto pudiera ser resultado de hábitos que adquirieron los pasiegos por su proximidad a la región foral, donde no se conocían las aduanas. El valle de Pas, según parece, se ha sostenido largo tiempo merced al contrabando, y el pasiego, al saltar con agilidad portentosa los precipicios, ayudándose en largo palo, hacía competencia al garboso tipo andaluz de trabuco y calañés, en que acostumbramos encarnar al contrabandista.

Con estas imágenes, yo me había figurado la excursión al valle de Pas algo al modo que me figuraría la *mise en scène* y los coros de una zarzuela. Esperaba cuadros de *mucha fisonomía*. No renunciaba por nada del mundo al color local.

No carece de él el paisaje. Desde que penetramos en la hoz de Entrambasmestas, nos hallamos encajonados entre el río –que corre a gran profundidad, semivelado por cortinaje de robles, castaños, hayas y abedules, que crecen a su gusto en la fragosa pendiente– y erguidos despeñaderos que amenazan desplomarse sobre nosotros. No siempre es quimérica la amenaza, pues no muy lejos del pueblecillo de la Vega de Pas, término de nuestra excursión, vemos con asombro las ondas de un torrente de pedruscos, formidable alud de guijarros que se precipitó el invierno pasado desde la cresta de un monte, y por milagro no aplastó las casas apiñadas sobre el río, ante las cuales se detuvo la original inundación.

Las casas o cabañas que encontramos por todo el camino son curiosas, por su tejado de losa y escalera exterior. Allá abajo, en medio del río, diviso a un hombre muy arremangado de perneras, que se entrega a una mímica incomprensible. Diríase que saca tajadas de una cazuela. Pregunto, y averiguo que está pescando anguilas y truchas con una especie de tijera doble que clava en la pesca al verla entreparecerse bajo el agua. No me había engañado mucho: en efecto, sacaba tajadas el hombre.

Y henos ya, cruzado un rústico puentecillo, en el pueblo de la Vega de Pas, sin haber visto, ni para un remedio, pasiego ni pasiega con *color local*, sino algunas aldeanas idénticas a las que se encuentran en Ontaneda o Carriedo, sin abarcas, ni justillo, ni albanega, ni filigranas, ni corales, ni veros azules ni colorados, como diría Sancho Panza.... Únicamente una mujeruca, entrada en años, con sayas de ruedo verdes, pasa abrumada bajo la pesadumbre de repleto cuévano, ese apéndice o prolongación de la mujer pasiega, donde todo lo guarda y acarrea: leña, granos, hierba, compras, y especialmente el chiquillo, bien agasajadito y caliente como castaña en olla durante el invierno, bien fresco y resguardado del sol en verano.... Pero el cuévano ya lo había yo admirado también por las cercanías de Ontaneda.

Pas no me ofrece nada inédito, y me aseguran que encontraría más color en San Pedro del Romeral, otra de las cuatro villas pasiegas. Es decir.... Me apresuro, me apresuro a retractarme. Pas me reserva algo inédito y extraordinario de veras; sólo que no es en el terreno de lo tradicional y típico, sino en otro casi yermo en España, el de las conquistas científicas de nuestra edad. Como aquel que sale a cazar codornices y encuentra nidos de águila, encuentro aquí, en vez de aldeanos pintorescos, el Sanatorio de Madrazo.

– ¿Y qué es el Sanatorio de Madrazo? –preguntará, de fijo, la inmensa mayoría de los que leyeran estas páginas.

Ahora verán ustedes lo que es, y convendrán conmigo en que Pas no podía ofrecernos nada menos previsto.

Un médico cirujano español, montañés y pasiego (si los pasiegos permiten que les llamemos montañeses); un hombre en la fuerza de la edad, con una reputación bien ganada de habilísimo operador; con caudal sobrado para disfrutar, en familia, los apetecidos goces de los grandes centros; adornado de cultura y al corriente de cuanto, en los países más adelantados se trabaja, es el que, no por necesidad, sino por gusto; no por cansancio y deseo de huir del mundanal ruido, sino para entregarse más activamente a su vocación; no por industrialismos, sino por entusiasmo, se retira al nativo valle y emplea su dinero, cual si lo arrojara por la ventana, en fundar un centro de experimentación científica, dotado y abastecido de cuanto reclaman las últimas exigencias de la cirugía: un sanatorio o estación quirúrgica, donde pronto se realizarán algunas de esas cruentas y horripilantes maravillas con que suelen asombrar a los profanos las clínicas de París y Berlín.

Hago pública confesión de mi pecado. No sé en qué periódico (en *El Heraldo* tal vez) había leído algo acerca de la obra por Madrazo emprendida; y tan aventurada y peregrina la juzgué, que la atribuí a un mal cálculo comercial. Creí que mediaba en ella el interés, equivocado, si se quiere, pero interés al fin. Impresión de quien lee aprisa y desconoce las circunstancias de personas y lugares. Al ver, por mis propios ojos el Sanatorio de Madrazo, reconocí que sólo un desinterés absoluto y una fe ciega y sublime pueden haber presidido a su creación.

Situado el establecimiento a considerable distancia, no sólo de las ciudades, sino hasta del ferrocarril; oculto en estas breñas, à las cuales se llega por un camino de tercer orden, escaso tiene que ser el número de los que se resuelvan a arrostrar tales inconvenientes, además de las contingencias de una grave operación. Agobiado ya el ánimo por los padecimientos, todo asusta, todo arredra; al que se decide a ir a Alemania le ilusiona el espejismo del viaje a un foco de civilización; pero ¡dirigirse hacia Pas! ¡Un desierto, lejos de todo socorro humano!

No ignora Madrazo nada de esto; pero él no se propone atraer parroquia, sino recibir a la que se entregue en sus manos, en condiciones tales, que aseguren feliz éxito al 95 por 100 de las operaciones practicadas. En tan elevado y solitario lugar, Madrazo busca la realización del ideal quirúrgico: la perfecta asepsia. Con la pureza máxima del agua y del aire, con un edificio construido según lodos los requisitos de la desinfección, espera lograr este resultado. Bañan el Sanatorio, que domina desde muy alto al pueblecillo, las auras montañesas, vivas y salubres; el agua viene a chorro desde la cumbre del monte, cerca ya de la zona de las nieves; torrentes de aire, conducidos por cañerías, ventilan impetuosamente los aposentos; las cocinas están fuera; las habitaciones, forradas de hule recio, se asean con esponja; es un edificio *que va al río*; es decir, donde todo se lava, orea y purifica sin cesar; creo que hasta la respiración.

Por un gentil alarde de arrogancia, Madrazo no quiere tener botiquín en el Sanatorio. Según dice, un operado no es un enfermo, y si no pierde irremisiblemente la fuerza de reaccionar, un operado queda sano y bueno al acabar de colocársele los apósitos. A los dos días de una terrible operación, los pacientes han de estar corriendo al aire libre, en los jardines que al Sanatorio rodean.

Da frío oír hablar a Madrazo de estas cosas, siempre espantables, por mucho que la ciencia las dulcifique y atenúe. Madrazo es un creyente, y en ocasiones parece un iluminado. Su rostro se transforma; su estatura crece; sus verdes ojos gatunos, los ojos peculiares de estas comarcas, diríase que despiden fosfórica luz. Transmite su convicción, porque la posee. Habla más para sí mismo que para los que le escuchan; no emplea frases altisonantes ni misteriosas, se expresa con lisura, pero con una vehemencia y una seguridad que persuaden y hasta *hacen provecho* moralmente, porque la incertidumbre y las vacilaciones del pensamiento moderno nos traen a todos en ansiedad perpetua, y ya tenemos sed de afirmar. Hombres como Madrazo son una fuerza.

Al lado del Sanatorio, Madrazo ha construí para sí una hermosa casa, toda comodidad e higiene. Sus terrazas señorean el valle y espacian la vista en un admirable anfiteatro de montañas azules, embozadas en finos jirones de flotante niebla. En el comedor de este retiro de filósofo y de sabio, nos ofreció Madrazo un refresco con todos los arrequives de la moderna golosina, a los cuales antepusimos el blanco queso pasiego y la leche, deliciosa en toda la Montaña y quizás más embalsamada aquí.

Cuando salgan a luz los renglones que voy trazando, Madrazo habrá regresado de Alemania con buena copia de instrumentos, aparatos y material quirúrgico, y el Sanatorio se habrá inaugurado oficialmente. Espero que la empresa no fracase, entre otras razones porque no la protege el Gobierno. ¡Ni falta que hace, gracias a Dios!

Santander, Los jardines de Pereda, hacia 1900

Lo primero que noto, al ir llegando a la capital de la Montaña, es cuánto se parece a mi pueblo natal. Aquí, como en Marineda, el tinte de aridez del paisaje que rodea à la cuidad lo compensa la despejada y alegre disposición de la bahía, las curvas graciosas de los terraplenes, que, ya esconden con coquetería, ya muestran con orgullo el azul verdoso del Océano.

A Santander no se le ha quitado todavía –ni es milagro que no se le quite– el temblor producido por la catástrofe que le cubrió de luto. Apenas hablo con persona a quien no le haya sucedido algo atroz. Por la misma magnitud de la tragedia, no encuentran modo ni forma de describirla, pues hay cierto grado de horror que ya no consigue expresar la palabra humana ni la pluma tampoco. Si el dicho no tuviese algo de paradojal, diría que el exceso del espanto suprime la sensación del espanto y la reemplaza con un estupor mudo, casi apacible. Ninguno de los que estuvieron presentes a la explosión y quedaron con vida supo lo que le había pasado, ni se dio cuenta de que aquello era algo semejante al fin del mundo.

Este enseña su brazo, hecho astillas, roto por siete partes; aquél hace memoria de que cuando volvió a su casa la encontró ardiendo; uno se halló en el suelo, a distancia considerable del lugar que ocupaba cuando estalló la dinamita, e ileso por milagro; otro hace memoria de una noche entera pasada en buscar al hijo de sus entrañas, para descubrirle, a la primera luz del amanecer, yerto, con el cráneo partido; tal vio precipitarse sobre el amigo que le acompañaba el enorme brazo de un gigante, que no era sino un fragmento de hierro proyectado con brutal empuje; cual se cayó sentado, percance siempre risible, pero tremendo si al tiempo de caer se observa que los espejos oscilan, que los muebles se desploman y que una lluvia de cristales nos envuelve, mientras los edificios se abren como granadas maduras.... ¡Cosa rara! Quizá la impresión más concreta que guardan los que asistieron a la tragedia es la del silencio absoluto, extraño y fúnebre que sucedió a aquel estrépito sin nombre. Todo lo cual lo habíamos leído en la prensa, y sin embargo, ¡qué diferente nos pareció al escucharlo referido por los testigos y las víctimas!

Si el recuerdo no se borrará nunca, las huellas materiales del desastre están borradas del todo. Reedificáronse con mayor suntuosidad las casas incendiadas o derruidas, y sólo quedan, como testimonios palpables de tanto mal, informes trozos de hierro, amontonados en el muelle de Maliaño, torcidos, rotos, gibosos, diciendo a las claras que una fuerza horrible las violentó.

Merecen visitarse en Santander cinco cosas notables –dos más que en Orense–, a saber: la iglesia subterránea del Cristo, la biblioteca de Menéndez y Pelayo, la Estación de biología marítima, el Sardinero y el palacete de Galdós. Dejo en el tintero la estatua de Velarde, porque, aparte del glorioso recuerdo que consagra, es de bien escaso mérito artístico.

La Catedral, en cuyas entrañas se abre la cripta del Cristo, presenta aspecto severo y militar; tiene empaque de fortaleza. El Cristo, en su maciza y rebajada traza arquitectónica, ofrece reminiscencias del estilo gótico-sajón de las iglesias sombrías de York y Malmesbury. Columnas anchetas y cortas, sostenidas por recios zócalos y coronadas por ricos y curiosos capiteles, forman un plantío de gruesos troncos, que allá, en los puntos más oscuros de la cripta, adquieren la misteriosa vaguedad de las grutas subterráneas.

Las bóvedas son chatas, recias, capaces de sustentar el más poderoso edificio; las naves, prolongadas temerosamente por la perspectiva de los fustes, convidan a la oración y al recogimiento. Lo peor fué que el Cristo, cuando lo visitamos, estaba lleno de gente; esta cripta melancólica me hubiese gustado cien veces más desierta y sólo alumbrada por alguna lamparilla moribunda. La capilla del Cristo y el *almidá* arábigo, cuya poética inscripción traduce para nuestro recreo Amador de los Ríos, son lo que interesa en la basílica de Santander.

Antes de visitarla, habíamos comprado guantes y no sé qué otras menudencias en la famosa *guantería*, trabando conocimiento con el venerable *guantero*, inmortalizado, y tal vez arruinado, por las letras. Es el guantero un viejecito que, en vez del aspecto adamado y la charla meliflua que parecen requisitos indispensables en el ramo de perfumería, ofrece el tipo del clásico *lobo marino*, honrado y rudo; de esos pilotos o capitanes que han cruzado el Atlántico centenares de veces. El guantero, en lugar de leer a Pereda, lee a pasto el *Boletín Eclesiástico* de la diócesis, y así que lo acaba, lo vuelve a empezar. La tienda es como un pañuelo, y, sin embargo, allí funciona el *círculo charlamentario* y el mentidero de Santander. ¿Dónde se colocan los tertulianos? No es fácil inferirlo. ¿Qué comprador de buena fe penetrará allí, rompiendo una valla de ociosos, vagos y parlanchines? Los tertulianos de Juan Alonso no cumplen con menos que con señalarle una pensión.

En la biblioteca de Marcelino Menéndez y Pelayo nos recibieron cordialmente sus padres y su hermano Enrique, hombre de mérito y valer, modestamente recluido en la penumbra a que le condena la fama del autor de *La ciencia española*. La biblioteca, construida *ad hoc*, alumbrada por luz cenital, con doble cuerpo y estantes aislados de las paredes, ocupa parte del jardín del *hotelito* en que vive la familia del sabio, y contiene departamento de manuscritos y gabinete de trabajo: es, en suma, la realización del sueño de escritor tan laborioso como Menéndez; es el retiro apetecible y la fecunda soledad en que se engendran las obras bien meditadas y nutridas de datos. Sobre sencilla estantería descansan los grandes infolios, los rarísimos incunables, los ejemplares de inestimable precio, predilecta compañía del gran estudiante español. Guarda asiduamente este tesoro la familia, y Enrique nos cuenta cómo su hermano, conocedor de las mañas de los bibliófilos, cada vez que sale de Santander, pronuncia, a guisa de despedida, desde la ventanilla del vagón, esta angustiosa frase. –"¡Pocas visitas! ¡Mucho cuidado con mis libros!"

El palacete de Galdós se alza en la Magdalena, a corta distancia del Sardinero. Sobre la puerta de entrada al patio hay un azulejo que dice en letras góticas: *San Quintín*. De elemento decorativo tan nacional como el azulejo, ha sacado Galdós gran partido para adornarlas fachadas de su palacete con arrogantes empresas, las columnas de Hércules, el *Plus ultra* y el lema familiar *Ars Natura Veritas*. Por cierto que, según mis noticias, no faltó quien afirmase que todo ello eran divisas y signos masónicos.

Si anduviésemos a caza de contrastes, ninguno como el que ofrecen los dos retiros de Menéndez y Pelayo y de Galdós. Las viviendas siempre retratan la fisonomía de sus dueños; pero pocas lo harán tan a lo vivo como estas que acabo de ver en el espacio de una hora. Sorprende la diferencia entre el hombre que estudia en los libros y el que estudia en la vida; entre el que está orientado hacia lo que fué y el que solo conoce y ama lo actual, empapándose en el mundo exterior para transformarlo con el poder de su fantasía.

Mientras el estudio do Galdós, que ya una vez he descrito en el *Nuevo Teatro Crítico*, es un gracioso revoltijo de cacharros, dibujos, fotografías, platos, bocetos, armas, cuadros, curiosidades, muebles originales, telas bordadas, en suma, todo lo que alegra y divierte la vista, en el despacho de Menéndez y en su biblioteca no hay sino libros, libros y libros, sin un retrato, sin un florero, sin nada que pueda distraer el ánimo cuando la lectura o el trabajo lo fatiguen. Insensible a lo que le rodea, Menéndez se ha confinado entre calles, mientras Galdós buscó para horizonte de su asilo el mar, espectáculo siempre, variado, siempre atractivo en su eterna magnificencia. Frente al huerto de Galdós, el mar ofrece un panorama que será doblemente admirable en las noches de luna y en las tardes apacibles, a la hora de la puesta del sol. Bajo las tapias, el tranvía de vapor cruza rápidamente.

A la hora en que descansamos en el huerto, el sol reverberaba en él de un modo fatigoso, que nos obligó a buscar el amparo de corpulento árbol, en cuyas ramas el novelista suele colgar una hamaca ligera y sólida.

La afición a la humilde realidad, que distingue a Galdós, se reconoce en haber dedicado el pedacillo de tierra que posee al cultivo de legumbres y hortalizas. Sobre un plantel de guisantes se columpiaban, sujetos a delgadas varillas, infinidad de papeles, que sin duda tenían el ambicioso propósito de espantar a los gorriones. Al ver que los papeles eran manuscritos, pregunté con curiosidad. –"Las cuartillas de la *Loca de la casa*"–respondió Galdós.

Abandonamos el palacete por dedicar unos instantes a la *Estación cantábrica de biología marítima*, pomposo nombre del modesto laboratorio destinado por el Gobierno y la Diputación provincial de Santander a los trabajos y ensayos del profesor D. Augusto Linares; trabajos análogos a los de Milne Edwards, Müller, Quatrefages y Agassiz. Líbreme Dios de soñar en descripciones científicas. Sólo diré, para inteligencia de los profanos como y o, que la tal estación o laboratorio tiene por objeto estudiar la fauna y la flora de las grandes profundidades submarinas, muy hondas en este punto de la costa cantábrica. De la fauna y flora de los abismos oceánicos, lo único que nos interesa a los que la miramos con ojos puramente artísticos es su extraña hermosura; sus formas, al par caprichosas y geométricas; su colorido, que eclipsa el de las más ricas piedras y las telas más costosas.

Los rojos de minio, los amarillos de ocre, los azules de cobalto, los verdes esmeralda, los rosas transparentes y los violetas fluidos de esos bichejos raros (corales, limazas, astéridos, actinios, erizos, anémonas, holoturias), son una magia contemplados al través de la delicada y diáfana cortina del agua que los hace vivir. Sacadles de su elemento, al aire o al espíritu de vino, y los veréis extinguidos, sin luz, sin frescura, muertos. Solo conservarán tal vez la maravillosa contextura de sus esqueletos de encaje, esqueletos elegantes como lacerías góticas, formas de increíble tenuidad y riqueza, algo que un soplo disiparía, como se disipan, al despertar de un sueño bonito, los palacios de las hadas.

Sólo nos quedan instantes para recorrer el Sardinero, sus hoteles, su bien adornado Casino, su pinar de la Alfonsina, que soñó con ser Sitio Real; en fin, los lugares que Amós Escalante describió a maravilla. Una ojeada rápida, una vuelta en el tranvía de vapor.... y adiós, Santander, que nos vamos a Torrelavega y Santillana.

Santillana del mar, La colegiata, hacia 1900

Ya estoy en este pueblo sorprendente, que desde hace tiempo me atraía, y en las mejores condiciones para verlo, disfrutando las ventajas de amabilísimo hospedaje, y guiada por quien conoce al dedillo sus curiosidades y bellezas; como que nos hallamos bajo el techo de los marqueses de Casa Mena, y de fijo, si el *genius loci* o duendecillo familiar de la villa de Santillana, supuesta cuna del héroe de Lesage, reside en alguna parte, debe de ser en la biblioteca del marqués, entre sus libros genealógicos.

Cuando Galdós visitó Santillana, la pintó con toda la viveza de su imaginación de artista, trasladando a las cosas exteriores un estado de alma. "Al entrar en Santillana –escribe el autor de *Marianela* en el bosquejo descriptivo titulado *Cuarenta leguas por Cantabria*– parece que sale del mundo. Es una entrada que dice: "*no entres.*" –Tan cierto es que el espectáculo está dentro del espectador, que a mí la entrada de Santillana, con sus dos conventos de monjas, graves, señoriles y circunspectos como dueñas venerables de repulgada toca que guardan la antecámara de un palacio, no sólo no me retraía, sino que parecía llamarme, con misteriosa seña de mano blanca que asoma al través de reja mohosa y carcomida. Los signos de la tal mano podrían traducirse así: "Constante amiga de las piedras ennegrecidas por el tiempo, ven, que aquí encontrarás cuanto desees. Te esperan los rincones dulcemente tristes en que se evoca la historia; los rotos escudos de armas que en cifra refieren la novela de una familia; las iglesias desiertas, únicas donde se respira ambiente religioso, y los labrados sepulcros que en vez de afligir reposan el ánimo, diciéndole que hay un descanso seguro y eterno, y que las penas de los que vivieron antes ya ni las recuerda la memoria de los vivos."

Debo confesar, por otra parte, que lo primero que me ofreció la arcaica Santillana fue una nota encantadora de vida moderna. Atravesando el frondoso parque, llegamos al pie de la señorial mansión de Casa Mena, y nos apeamos del coche a la puerta de una estancia donde la claridad de la lámpara descubría el mobiliario rico y dispuesto con arte: cuadros, cachivaches, veladorcitos, divanes, flores, y en primer término, un delicioso grupo de chiquillos, tres angelines que caben debajo de una cesta, criaturas dignas del pincel de Reynholds, todas de blanco, escoladas, de manga corta, con corales al cuello y tendiéndolos brazos a una madre de veinte años, la marquesa de Benamejís. Este parque, esta casa amplia y llena de luz, estas niñas rubias y blancas, ataviadas con coquetería, borran completamente la impresión de antigüedad de Santillana, y hasta casi diría que me transportan fuera de mi patria, a la nación que ha poetizado el bienestar doméstico, presentándome uno de esos cuadros delicados y risueños que los dibujantes ingleses gustan de reproducir.

La villa de Santillana, que es toda ella un monumento, no contiene más monumento propiamente dicho, que la abadía o colegiata, la cual, si no fuese por su claustro, no eclipsaría el recuerdo de otras colegiatas que visité no ha mucho –por ejemplo, la casi olvidada de Junquera de Ambía. En la iglesia merece notarse el órgano, cuya caja esculpida conservó con gran acierto, al restaurarlo, mi huésped el marqués de Casa Mena. También son dignos de una mirada los capiteles de las columnas que sostenían las tres naves, capiteles torpemente enyesados, y entre los cuales no falta alguno donde el yeso es útil, porque disimula asuntos ultraanacreónticos, y son de gran valor artístico las pinturas del retablo (tablas del siglo XV), el frontal de plata cincelada, y las esculturas en madera y en piedra, que representan los Apóstoles, así como las ricas piezas de plata repujada que se guardan en la sacristía. Mas lo que me detiene largo rato es el sarcófago de la virgen Santa Illana o Juliana, patrona de estas Asturias, sarcófago que ocupa el centro de la nave.

Parécese la historia de esta Santa a la de otros mártires de los primeros siglos del cristianismo. Juliana era una doncella rica; noble y hermosa de Nicomedia en Asia; profesaba secretamente el cristianismo, y tenía el corazón tan lleno de Jesús, que no cabían en él más amores. Al ser requerida para que eligiese esposo, soñó en convertirle; y como la persecución era entonces recia e implacable, al saberse las creencias de Juliana, fué encarcelada, atormentada y tentada por el demonio, que tomó figura de radiante arcángel para seducirla. Tiempo perdido y gran vergüenza para Lucifer, que no dispone el indino de armas con que subyugar a una mujer pura. Al fin mataron a Juliana y su espíritu glorioso voló al cielo, y la Iglesia la contó entre sus santos.

Uno de los estudios más arduos, pero también más curiosos, sería el de la historia de las emigraciones del culto; el averiguar, verbigracia, por qué una doncella martirizada en la Propóntide vino a ser patrona de estas

Asturias y a darles nombre. Semejante problema me hacía cavilar, mientras contemplaba el sarcófago y la figura de la mártir interpretada por el imaginero del siglo XII.

Parece la estatua yacente de Santa Juliana una página de misal, o más bien la portada de un libro de caballerías, de los muchos y muy raros que atesora el marqués. Es la damisela esbelta, delgada, de talle grácil, que vemos en las vidrieras de colores y en las tapicerías de alto lizo; la mujer-azucena, de larguísimo cuello, de corpiño pudoroso, de falda flotante y castamente plegada, de pies rectos y puntiagudos, de manos exquisitas, de enigmática expresión en el rostro, como si soñase en fantásticas venturas o esperase al andante caballero que va a romper el encanto en que la tiene un maligno brujo. El traje que viste Santa Juliana es de muy elegante corte y complicada hechura; y a sus pies, sujeto por una cuerda que coge la santa, retuércese el venado demonio, en figura de dragón. Es imposible imaginar cosa más poética que la tal estatua yacente.

Nótese el importante papel que desempeña en el arte ojival y el románico (el románico sobre todo) la representación del monstruo fabuloso, hidra o dragón. El viejo mito de Perseo y Andrómeda se refleja, no sólo en la leyenda del caballero de San Jorge, sino en otros muchos episodios hagiográficos. No hay Catedral que no tenga su lagarto gigantesco, símbolo de la diabólica malicia, siempre domeñada por la gracia y la virtud. Del arte religioso pasa a la literatura, a los romances, a los poemas caballerescos, a la novela, la aventura de la doncella a quien el paladín defiende y liberta de la sierpe o endriago, venciéndolo. En Santillana encuentro múltiples huellas de esta idea medioeval. La doncella y el dragón se ven donde quiera: en la tumba de Santa Juliana, en el retablo, en los capiteles del claustro, en el arrogante blasón de los Tagles y Velardes (apellidos que parecen de origen extranjero). Recuerdo que el sabio Augusto Vitu propuso una explicación para el símbolo del lagarto, que en Francia abunda por las iglesias, y al cual en Provenza llaman la Tarasca. Supone Vitu que en las marismas y pantanos que rodeaban a París persistieron hasta la Edad Media ejemplares de los enormes reptiles del período paleozoico, algún espantoso plesiosauro o ictiosauro, y que al conseguir los monjes sanear y desecar el terreno y matar al monstruo, la imaginación popular lo identificó con el espíritu maligno, y los monjes a su vez lo hicieron esculpir, como en irrisoria caricatura, al pie de las santas imágenes. ¿Habrá sucedido lo mismo en estas comarcas, donde se conservan tantos vestigios de edades primitivas?

Sin autoridad para decidir si esta colegiata pertenece al siglo XI o a los primeros años del XIII; sin hacer caso de la inscripción que le atribuye la fantástica fecha del siglo IV; y sólo por la costumbre de remirar edificios del mismo estilo que la colegiata, y que se encuentran en gran número en Galicia lo mismo que en Asturias y Santander, diré que los capiteles del claustro de Santillana aire tienen de ser del XI o todo lo más de principios del XII, y que en el monumento (declarado nacional) no acierto distinguir esas huellas del gusto árabe, que notó mi amigo el Sr. Leguina. Sea del siglo que quieran los arqueólogos, el claustro sí que me causa admiración y sorpresa.

Ya no presenta hoy tan fúnebre aspecto como cuando lo describieron Pérez Galdós y Amós Escalante; ya no lo invade tanto el moho polvoriento de los sepulcros, ni la vegetación melancólica de los lugares húmedos y desiertos; ya no ruedan cráneos bajo los pies del visitador.... y casi estoy por decir que es lástima, pues este claustro causaría más impresión cuanto más triste, solo y próximo a desplomarse en ruinas.

Hay lugares donde se apodera de nosotros una paz soñolienta, *nirvánica*, que nos presenta la muerte como única verdad, y verdad no repulsiva. Diríase que tales sitios son el palacio de la nada, la isla del reposo, donde corren esas aguas sin murmullo y sopla esa brisa sin rumor de que habló el poeta. Sentimos que está muy lejos el mundo, y el *más allá* muy próximo. El claustro de la colegiata de Santillana se cuenta en el número de estos lugares que dan beleño.

Los arqueólogos ensalzan hiperbólicamente la riqueza de los capiteles del claustro, peregrina mezcla de ingenuidad en el dibujo y de minuciosidad en la ejecución, de frescura en la fantasía y de amaneramiento en el arte; capiteles que en su barbarie, su originalidad, su gracia, su variedad, sus alardes de naturalismo, su ornamentación de filigrana y sus asuntos, místicos y reales a la vez, recuerdan, en medio de su carácter románico, algo más viejo todavía, algo que vino de Oriente, como la luz, y como la religión que esos capiteles proclaman. Para mí, este claustro es algo más que un hermoso monumento. El transcurso de los siglos le ha infundido un alma, y un alma lírica y soñadora; el claustro de Santillana está en verso; plañe, canta, gime, y de seguro medita y filosofa, desdeñando las vanidades que nos arrastran y las agitaciones de una hora que nos hacen sufrir.

Algunos de los fustes aparecen desgastados, y uno ya se sostiene por milagro; tan roída, carcomida y adelgazada está la piedra. Asegura el sacristán que quien la ha puesto así es "la luna". Aunque a primera vista sorprende el que atribuyan a la luna semejante fechoría, ello es que este claustro maravilloso, con el cual, según aseguran los inteligentes, sólo compite el de Santo Domingo de Silos, merece que los besos del romántico astro se encarguen de ir desgastando sus piedras. Con la imaginación, sólo a luz de la luna veo yo este claustro, aunque por mi mal lo vi de día, y día brumoso.

Santillana del mar, hacia 1900

La que Pérez Galdós llamó "Villa Difunta", presenta, como su mejor título a la admiración del viajero, el variado caserío, donde subsisten ejemplares de todo género de moradas hidalgas o *gentil-hommières*, desde el ceñudo torreón romántico y feudal, hasta la *casona* del siglo XVIII, muy pomposa en escudos y muy runflante en divisas.

Entre estas moradas, una de las más sugestivas para la imaginación es, sin duda, aquella donde, según la gráfica frase del novelista, "un arroyo se mete tranquilo y sin bulla dentro de la masa de edificios, perdiéndose en laberintos oscuros, a cuyo extremo se alcanza a ver la indecisa claridad del hueco por donde sale al campo. Sobre aquel río se alza una vivienda misteriosa, toda negra, toda húmeda, tan vieja que los reinos de la Naturaleza se han confundido, y no se sabe lo que es liquen, o que es piedra, lo que es viga, lo que es hierro.

Llénala, al punto que la ve, la incitada fantasía, de nove-
lescas historias; que no hay torreón sin duende."

A, la hora en que yo vi la extraña casa, bajo la cual el
arroyo pierde sus dormilonas ondas, ni me pareció
torreón, ni le encontré cara de tener duendes.

Resplandecía el sol, rielando en la corriente, y unos
grandes bueyes rojos bebían del pilón que el arroyo
llena, dejando caer de los húmedos belfos un brillante
hilo de agua, cuando volvían, para contemplarnos, sus
enormes ojazos meditabundos. Era un cuadro lleno de
rústica paz y de bienestar, sin sombra de miedos a seres
sobrenaturales. Creo que el aspecto y la impresión de
las cosas es obra nuestra, labor de nuestro espíritu.

Realmente, el caserío de Santillana no es ruinoso ni
destartalado todo él. Existen edificios perfectamente
conservados, gallardos, recios, con ese aire de solidez
que parece retar a los siglos. La costumbre y el instinto,
tal vez la misma decadencia de la villa, hicieron aquí lo
que en Nuremberg la reflexión y la voluntad: que se res-
petasen las construcciones antiguas y se evitase la invasión de las modernas. Así, no perdió Santillana su
encantadora fisonomía arcaica, su tipo de retrato de
golilla.

En buena ley, la primera casa de que debo hablar es la
de mi huésped el marqués de Robledo. Refiere Amós

Escalante en su libro *Costas y Montañas* la siguiente curiosa anécdota: "Persuadidos los oficiales ingleses de la expedición de Lacy Ewans de que Gil Blas no era héroe fantástico e inventado, sino personaje rigurosamente histórico, buscaban en Santillana con interés sumo la casa donde Gil Blas había nacido y pasado sus años primeros."

Residía entonces en la villa el erudito don Blas de Barreda, abuelo de mi huésped y descendiente del nunca bien ponderado D. Iñigo López de Mendoza.

"Deslumbrado –dice Escalante– por la paridad del nombre y la pronunciación confusa de los extranjeros, no vacilaban los preguntados en dirigirles a la casa de los Barredas; y se cuenta que, ciegos de aquel entusiasmo isleño que a las veces y en remotas partes del mundo ha tomado vandálica fisonomía, rascaban las paredes para llevarse reliquias del revoque, o desencajaban peladillas del zaguán, empedrado en mosaicos de guijarros, a la manera usual de la tierra.", ¡Y quién sabe, añado yo, si a estas horas alguna respetable inglesa conserva religiosamente el guijarro, precioso recuerdo de lejana expedición, de innegable autenticidad, traído por su señor abuelo!

¡Misterioso y mágico poder el de la creación artística, y cuan superior a la misma verdad!

He aquí dos personajes, grandes los dos: el uno inventado, el otro real y efectivo, señalado ¿ilustre. Gil Blas no tuvo existencia sino en la fantasía de Lesage, recalentada por la lectura de novelas españolas en que hay dueñas, hidalgos, salteadores, venteros, alguaciles, corchetes, damas que exhalan perfumes de ámbar y algalia, comediantas, embaucadoras, estudiantes apicarados, magnates, reyes que salen de incógnito, todo un mundo de intriga y aventura en que rebosa la truhanería, la experiencia y la sal del buen sentido.

D. Iñigo López de Mendoza, en cambio, imprimió huella en la historia: fue cortesano, diplomático, político, guerrero, valido del Rey, sabio, poeta, moralista, galanteador, pensador.... cuanto se podía ser en su siglo y en cualquiera; llenó con el ruido de su nombre las antesalas de Palacio, las páginas de los *Cancioneros*, las asambleas de la *gaya sciencia*, los campos de batalla, y hasta los ámbitos de la Montaña santanderina, donde nos asegura Amos Escalante que todavía le llaman los aldeanos el marqués de los Proverbios; y no obstante, en esta misma villa, que lleva el nombre de su título nobiliario, a dos pasos de la Colegiata, donde puede verse su retrato orante, pintado sobre una de las tablas flamencas del altar mayor, no es al alto y poderoso marqués de Santillana a quien busca el extranjero, sino a Gil Blas el lacayillo, el aventurero, el ladronzuelo do la compañía del capitán Rolando, un tipo que la inspiración no extrajo de sublimes regiones ideales, sino que lo amasó con el barro humano más bajo y vulgar, prestándole las flaquezas características y todas las miserias y vicios de una sociedad corrompida, de una nación decadente. Y mientras sólo los eruditos recuerdan al fresco e idílico poeta de las *serranillas*, al que tiene el agreste aroma de estas montañas y de estos prados, no hay quien, imitando a los cándidos ingleses, no evoque, al sólo nombre de Santillana, la castiza figura de Gil Blas.

No es esta casa donde vivimos, sin embargo, la que da mejor testimonio del antiguo y calificado linaje de sus dueños. Más alto lo proclama la vetusta *Torrona*, cuya mole, despojada de su diadema de almenas, pero siempre imponente, domina la plaza y la calle de *Las Lindas*.[1] Aislada sobre un monte produciría más efecto la Torrona; pero aun así, sus gentiles ajimeces, sus doveladas puertas, los restos de su balconada, sobre todo la carcomida talla de su primorosa ventana morisca, sugieren mil romancescos pensamientos y mil sueños

1. Según el Sr. D. Rodrigo Amador de los Ríos, la que los ingleses tomaban por *casa de Gil Blas*, es esta *Torrona*; pero del texto de Amós Escalante se desprende que no es sino la residencia actual de los marqueses de Robledo.

de otros días. Sospecho que no habrá en Santillana cosa más venerable que este *donjon* ennegrecido por el tiempo. A juzgar por ciertos detalles, yo lo creería antes del siglo XIV que del XV.

Santillana posee más torres, alguna notable, como la llamada del *Merino*, pero ninguna tan noble, tan caduca, tan limpia de restauraciones pecadoras. Las casas blasonadas no se cuentan: a juzgar por sus timbres heráldicos, Santillana debió de ser una villa sin plebeyos, formada sólo de señorío.

Entre las más arrogantes residencias de Santillana citaré la casa llamada *de los Hombrones*, a causa de dos jayanes de tamaño natural, vestidos a la chamberga con militar desenfado y bizarría, que hacen el oficio de tenantes de la piedra de armas. Otro *hombrón* parecido y no menos tosco, se levanta aislado, cerca de la plaza, sobre un paredón medio derruido. La orgullosa o interesante casa *del Águila* ostenta por única empresa un águila moribunda, con el pecho atravesado por una saeta, y alrededor se lee este lema, harto conocido, pero cuyo origen se ha escapado a la diligente investigación de la Academia Española, empeñada en descubrirlo: *Un buen morir honra toda la vida.*

Veo también aquí –y me recuerda la preciosa torre que tantas veces be contemplado en el camino de

Alceda– repetido el enigmático y nunca bien descifrado lema de los Ceballos, *Es ardid de caballeros-ceballos para vencellos*; y leo alrededor de un armado brazo, estas palabras: "*Brazo fuerte, a Italia dio terror-y-a Esforcia muerte.*" Por todos lados armas parlantes, escudos empenachados y cercados de enroscado plumaje y enhiestas lanzas. Hay cuarteles que ya van siéndome familiares, a fuerza de encontrármelos: los dragantes y la banda de Bustamante, los cinco negros calderos de Calderón de la Barca, las lises, la maza, de galaica procedencia.

La obsesión heráldica de Santillana se duplica, cuando por la noche, cansada ya de recorrer el pueblo, me dedico a curiosear la magnífica biblioteca de mi huésped, atestada de libros de caballerías, índices y árboles genealógicos, tratados de blasón y monografías históricas de la provincia. Para indicar el tesoro que aquí se encierra detrás de bien talladas puertas de roble, baste decir que el marqués posee el codiciado ejemplar *único* de la edición castellana de *Tirante el Blanco*, amén de muy raras ediciones de *Amadis, Las Sergas de Esplandián* y otras narraciones igualmente quijotescas. Aun cuando parezca extraño, yo no puedo aislar la impresión de estos libros fabulosos y de los históricos mobiliarios. Me producen el mismo estado de excitación imaginativa, el mismo delicioso transporte a un mundo irreal, habitado por gigantes, encantadores, vestiglos y fadas.

Por eso, en materia de genealogías, no me gustan las que aparecen claras, probadas e indiscutibles muchos siglos arriba, sino las quiméricas, que se remontan a los Emperadores de Constantinopla o de Alemania, a las fazañas de Roncesvalles, a las proezas de los caballeros de la Tabla Redonda, al ciclo carolingio y a las brumosas épocas de Artús el inmortal. Y de todo esto descubro rastros en la leyenda genealógica de Santillana. No lo llaméis patraña, ¡oh destiladores de quinta esencia histórica! Es verdad.... vestida de gules y sinople; verdad envuelta en la dorada gasa del símbolo. ¿Qué son la conseja del *Caballero del Cisne*, qué el *Santo Grial*, qué las aventuras de Roldán, qué los amoríos de Tristán e Isolda, sino emblemas, signos jeroglíficos que explican algo más hermoso y más verdadero que el seco relato del *fiel testigo*? Y si carecéis de estas aficiones, de estas convicciones, no vengáis a Santillana, porque no entenderéis lo que dicen, y con voz aun entera y clara, este caserío, estas calles empinadas y estrechas, estas torres que se desdeñan de venirse al suelo, estos palacios en que todavía viven y resisten la invasión de los tiempos democráticos los biznietos de los que ganaron estas divisas y estos cuarteles.

En la villa de Gil Blas, como en las páginas de *El Quijote*, hay también un rinconcillo donde se refugia el humorismo prosaico de Sancho Panza. En prueba de ello, referiré una anécdota relacionada con el blasón más legendario y andantesco de todo Santillana. Existe aquí la casa de Tagle, y adorna y cubre buena parte de su amplia fachada el escudo, donde se ve al caballero armado de punta en blanco lidiando con el dragón, cerca de un castillo y en presencia de una dama: por divisa, "Tagle, el que la sierpe mató, con la Infanta se casó." Cuéntase que hace bastantes años, en épocas en que todavía los refinamientos del aseo y las drogas insecticidas eran menos conocidos que ahora, vino un reverendo fraile a posar y a pasar la noche en la casa del caballeresco escudo. Como no le dejasen conciliar el sueño ni un cuarto de hora ciertos parásitos diminutos o impertinentes, levantóse muy temprano, fosco y de endiablado humor, y salió al balcón para respirar el aire puro y despejar la aturdida cabeza. Tropezaron entonces sus miradas en el blasón; y al leer que Tagle se había casado con la Infanta por la gracia de matar la sierpe, tomó carbón o lápiz, y escribió debajo, en lírico arrechucho: "Y si las pulgas matara, con la Reina se casara."

Palacio de D. Beltrán de la Cueva

EL PALACIO DE D. BELTRAN DE LA CUEVA
LA CASA DE CALDERÓN

Es Santillana punto central desde donde se pueden hacer excursiones muy variadas a distintos pueblos de la provincia, a lugares que encierran recuerdos o monumentos, y a paisajes de tan alto fuste como los picos de Europa. Para subir a éstos era temprano aún, estación poco a apropósito; y me quedó el deseo, con la pena del que duda si volverá en su vida a encontrar ocasión de realizarlo. En vez de subida efectué una bajada memorable, de que trataré a su tiempo; visité "el pueblo de Comillas y eché un vistazo al palacio que denominan de *D. Beltrán de la Cueva*, y a otro viejo caserón encielado por las memorias y las huellas de San Francisco de Asís y por el nombre de uno de nuestros genios más claros, Calderón de la Barca.

Si, en efecto, hubiese sido alguna vez residencia de D. Beltrán el palacio, merecería que se rompiese un par de zapatos por verlo. Hay hombres que, sin desplegar las bizarrías del heroísmo, las fuerzas del entendimiento ni las galas del ingenio, sin gobernar, sin guerrear, sin penetrar en los tortuosos laberintos de la política, sin influir en la vida religiosa, ni en el arte, ni en la Hacienda e industria de su país –sólo por obra de una gallarda presencia, de un *buen talle*, que decían antaño, y tal vez de esa magnética gracia de enredar Coranes, que ni se define ni guarda relación con méritos y prendas de mayor valía– han cambiado la orientación de la historia y comunicado nuevo rumbo a los destinos de su patria, D. Beltrán de la Cueva es –más que Manuel Godoy, más que el conde de Essex– del número de estos hombres, que oscuramente sirven a los designios de la Providencia. Los que hablan con admiración y respeto de la Reina Católica; los que ven en su mando una edad de oro y un renacimiento de gloria para España; los que cuentan tan felices empresas y tan espléndidos advenimientos como la unión de las coronas, la conquista de Granada, el descubrimiento del Nuevo Continente, de seguro no imaginan que nada de esto sucedería –al menos cuando sucedió, ¡y quién sabe!– a no ser por la audacia amorosa del pobre hidalgo aventurero, que puso los ojos en el sol de la regia Majestad, y no se deslumbró con sus rayos.

A los devaneos de D. Beltrán debió el trono Isabel la Católica. La ilegitimidad de la Beltraneja es de las cosas menos probadas. El Rey D. Enrique afirmó reiteradamente y con empeño que la tenía por verdadera sangre suya, y por ende la consideraba Princesa Real de Castilla. Los hidalgos gallegos sostuvieron con las armas en la mano que sólo a la Beltraneja correspondía el derecho de sucesión.

En Portugal nadie dudó que D.ª Isabel usurpaba la corona a su sobrina. El mismo don Fernando de Aragón estaba tan poco convencido de los títulos de su esposa, que al morir ésta gestionó bodas con la *Beltraneja*, con el fin de asegurar para siempre los reinos castellanos. Y, sin embargo, el denigrante apodo de *Beltraneja* fue el que arrojó a D.ª Juana al claustro, desposeída de su herencia y hasta de su excelso nombre. D. Beltrán de la Cueva, quebrando el mal sino de los Trastamaras, nos dio las glorias de nuestro apogeo histórico con Isabel I y Carlos V.

Dejando aparte estas consideraciones, que fácilmente llegarían a ser escabrosas, diré que al supuesto palacio de D. Beltrán no me parece que se le puede atribuir fecha más remota que los últimos años del siglo XVI. Su aspecto es muy aseñorado, y, por encontrarse ruinoso, las hiedras y las plantas parásitas lo decoran poéticamente. El gran escudo sostenido por leones, campea, llenando un tercio de la fachada correspondiente al piso alto de la torre. En el coronamiento de ésta creo observar reminiscencias de nuestro paso y dominación en Flandes; el almenaje se eleva en el centro, formando un copete dentado, que recuerda la traza peculiar del remate de las fachadas de Nuremberg. Me han asegurado que la misma particularidad ofrecen otras *casonas* de la provincia.

A falta de la leyenda de D. Beltrán, dícese que en este viejo palacio se desarrolló una novela tierna, sencilla y pastoril, como un idilio de Gessner.

A corta distancia del suntuoso edificio alzábase una casita, vivienda de un matrimonio aldeano. Cierto día les fué confiado misteriosamente un niño, con encargo de que lo criasen humildemente, para lo cual se les entregaría cada mes una pequeña asignación. El encargo se cumplió al pie de la letra; el niño, que se creía hijo de los pobres cultivadores, labraba con ellos la tierra y manejaba el arado y el *dalle*. Así que salió de la infancia, empezaron sus amoríos con una mocita, hija de, otra familia muy modesta que ocupaba el destartalado palacio de D. Beltrán. Se prometieron fidelidad los novios, y aplazaron su boda para cuando la edad y las circunstancias la permitiesen. De improviso estalla en la aldea la noticia de que el niño sin nombre y sin fortuna acaba de ser reconocido a la hora de la muerte por su padre, caballero opulento, que le deja una hacienda valuada en muchos miles de duros. La novia cree roto el lazo y devuelve al novio su palabra; pero el novio (ni más ni menos que en las comedias donde hay pastorcillas y príncipes) declara que, si mudó de suerte, no ha mudado su corazón.... y hoy, frente al palacio de D. Beltrán de la Cueva, elévase la espaciosa quinta al gusto moderno, donde habitan los esposos a quienes deseo felicidad cumplida y duradera.

Breve es –media legua sólo– la jornada desde Santillana del Mar a la casa solariega de Villanueva de la Barca.

La realizamos en una tarde lluviosa, de celaje algodonáceo y gris, por caminos impregnados de humedad, en que brillaba como fino terciopelo esmeralda el musgo, y los hongos anaranjados y de pútrido olor se esponjaban al abrigo de la maleza.

Es preciso ser del Noroeste para recrearse con los paisajes ensopados de agua y el cielo ahumado y las arboledas que gotean como si llorasen. Nadie nos cree cuando afirmamos que nos agrada ver llover hilo a hilo, y que la vegetación inundada exhala un aroma peculiar y delicioso. Y, sin embargo, es muy verdad, como lo es que el robledal y los prados de Villanueva estaban divinos, cuando un rayo de sol vergonzante hacía refulgir los diamantes colgados de cada hoja y cada mata de hierba.

Aparece la venerable casa tal como la describió el marqués de Robledo, sin el foso y contrafoso que la servían de resguardo y defensa, sin saeteras ni barbacanas; pero todavía almenada, y adornada con sus angostas ventanas ojivas. Sus dueños actuales no la habitan, y los aposentos hállanse desmantelados y vacíos, infundiendo al ánimo tristeza. En la habitación donde reposó San Francisco de Asís se ve una estatuilla del santo.

Afirma la tradición oral constante y admitida por los autores más concienzudos, que San Francisco, al dirigirse a Compostela para visitar el sepulcro del Apóstol, durmió una noche en esta casa, apoyando la cabeza en una piedra, que se conservaba y enseñaba hasta hace pocos años. En la obra del P. M. Felipe de la Gándara, "Descripción, armas y origen de la muy noble y antigua casa de Calderón de la España Barca" escribe el continuador, P. M. Josef del Río, en la dedicatoria a San Francisco de Asís: "Es tan antigua y tierna la devoción que a vos, grande santo, tiene la familia de Calderón, que aun antes de usar este apellido y desde que, pasando por Galicia, honrasteis la casa hospedándoos en ella, os tiene por su tutelar y patrón."

Si los escritores antiguos previesen las objeciones de la crítica moderna, no dejarían de especificar las razones que hacen verosímil la tradición. El paso de la *barca* de Villanueva era camino obligado de los peregrinos, a Santiago de Compostela. En Santillana existió muchos siglos una fundación hospitalaria para esos peregrinos, y aun creo que, extinguidas las peregrinaciones, quedan rastros de la caritativa institución. Siendo entonces deber de cristianos caballeros, y a más santiaguistas, dar posada al peregrino, no cabe duda que lo ejercerían los señores de la Barca; y algo dice en favor de la estancia de San Francisco la constante veneración que en estas comarcas se tributó a la piedra, cuyo paradero ignoro.

Lo cierto es que este solar, enemigo de la famosa casa del *Infantazgo*, y tronco donde brotó D. Pedro Calderón –nada menos– bien puede andar orgulloso y preciarse de sus timbres. Poco nos importa que sea verdad o fábula destituida del fundamento el origen de su nombre, según lo refieren los noveleros genealogistas, suponiendo que en Vizcaya, y en el siglo XIII, fue acometida de dolores de parto en un móntela esposa del señor de Ayala; que al recién nacido, creyéndole muerto, le echaron en un calderón, y que, habiéndole oído llorar a poco, le llamaron *el del calderón*, nombre que le quedó para toda su vida, y que vino a ser el de su estirpe. La conseja ni parece verosímil ni siquiera bien trazada, y toda la alta parentela de la casa de Calderón, todos los claros varones de que se precia –conquistadores, ricos hombres, alcaides, comendadores de Santiago, capitanes que guerrearon contra el moro, caballeros de la Banda, priores de la Orden de San Juan, almirantes de Castilla, claveros de Calatrava, frailes santos martirizados en Africa– no bastarían para que el nombre de Calderón saliese de la penumbra que envuelve a infinitos, tal vez más esclarecidos por la sangre, –a no proceder de ellos el autor de *El mágico prodigioso*.

Tal vez se necesitó esa serie de progenitores que tenían el espíritu nacional difundido en las venas y que ofrecieron sus vidas en holocausto a la patria y a la religión, para producir el gran poeta más español y más católico de nuestro Parnaso. Calderón era España, o por lo menos era uno de los aspectos principales del alma española; su aspecto más estético quizás. La misma savia que en el guerrero, el marino, el mártir se transformó en acción, en el poeta produjo el drama teológico, monárquico y patriótico, y el auto sacramental. La primera actividad determinó la segunda. Lo que los abuelos ejecutaron, al adoptar el significativo lema *Por la fe moriré*, lo verificó y dramatizó el nieto. Por eso, en lugares como la casa solariega de Villanueva de la

Barca, el viajero que se sienta en un vallado y clava la vista en los agrietados muros, siente, poco a poco, ascender en su alma la ola del entusiasmo, y ve luz y fulgores, aunque las nubes entolden el cielo y el ambiente se oscurezca con la lluvia.

Comillas, Plaza del mercado

Al recorrer el bonito camino que, serpeando por entre montes, llanuras, praderías y arboledas, nos conduce a Comillas desde Santillana del Mar, iba recordando que cierto novelista, de los de entrega va y entrega viene, situó la acción de una novela en Santillana, donde no había estado nunca, y habló de los escollos, del mugir del Océano y de la arribada de los buques.... El *lapsus*, por otra parte explicable, me hacía doble gracia pensando que íbamos a salir de Santillana precisamente por ver mar.

Al dirigirnos a Comillas, propáseme echar en olvido la afición a lo viejo, y reconciliarme temporalmente con la vida actual. Fuera fantasmas; atrás linajes caducos y glorias sepultadas entre polvo secular diez veces; lo que ha engrandecido a Comillas es la gran actividad de nuestro siglo, el comercio: los timbres y blasones de Comillas están forjándose a golpe de pico, en el momento presente, y en sus monumentos aun no se ha secado la argamasa ni ha perdido la piedra esa tersura que ostenta cuando acaba de labrar. Aceptemos la juventud en los pueblos como en el individuo, y resignémonos a que, si todo acaba, todo ha de empezar alguna vez.

Fue Comillas, en su origen, una barriada de pescadores, y la fecha de su fundación no excede de los últimos años del siglo XV. Recientemente cayó sobre la villa, como bendición celestial, el descubrimiento y explotación de las minas de calamina, descritas por Galdós en *Marianela*, y también el pueblo mismo, si no me equivoco, en *Gloria*, bajo el nombre de *Ficóbriga*. La metamorfosis del pueblecito de pesca en centro de vida industrial, la retrató Pereda, de modo que, como vemos, si Comillas se queja de algo, no será de talla de buenos pintores.

Llegando después que ellos, y haciendo a Comillas una visita tan corta, sería impertinencia querer sorprender con fotografía instantánea el aspecto cosmopolita de este pueblo, donde dicen que se oye hablar aquí el vascuence, allí el alemán, más allá el francés y el inglés; donde anclan buques de gran tonelaje, crujen las grúas y se mezclan y atropellan trabajadores y marinos, todo a merced de un pedrusco de calamina y a la sed de

76

ganancia lícita que transforma a las ciudades y al hombre. Si no dispongo de tiempo para enterarme bien de Comillas, menos para recorrer los lugares donde sufrió y murió la pobre Nela; y habré de contentarme con entrar en el palacio y panteón de la familia López, y admirar desde respetuosa distancia la vasta mole del Seminario Cantábrico.

Sería inexactitud decir que Comillas carece absolutamente de recuerdos históricos; pero son de ayer. Aquí los recuerdos, lo mismo que los edificios, necesitan *patina*.... y acaso sea lo único que necesiten.

Ayer era todavía cuando habitaba, no el palacio de los López, sino el modesto pabellón que al palacio antecede en fecha, el malogrado Alfonso XII. En los mejores días de su mocedad, en toda la plenitud de su expansivo y hechizador carácter, el Rey aceptó la hospitalidad de los marqueses de Comillas, y encontró especial complacencia y recreo en las expediciones campestres, en la caza, en la pesca, en la relativa soledad y libertad que estos parajes le ofrecían. Animoso, despreciador de la fatiga, y tentado por su juventud a demostrar que no le arredraban las proezas del alpinismo, subió a los Picos de Europa, donde le hicieron traición sus fuerzas, porque el espíritu era más robusto que el cuerpo en el Monarca, herido ya de muerte.

No podía el marqués de Comillas ofrecer entonces a su augusto huésped la magnífica residencia que posee hoy; pero le brindó el vasto parque, espléndidamente iluminado con luz eléctrica, y en los más inaccesibles riscos y desfiladeros le preparó suntuosos banquetes, que parecían servidos por algún encantador o mágico prodigioso.

Apenas hay en esta región comillana quien no conserve del Rey una memoria y una *saudade* muy viva; apenas habrá quien no le sintiese y llorase cuando sucumbió. No obró tales efectos la adulación, sino la impresión imborrable de su bondad, llaneza, despejo y trato humanísimo. Aun se cuentan sus discretas frases y sus rasgos de ingenio, y se refieren sus impensadas excursiones, sus correrías de turista y cazador. No sé que se pueda decir cosa mejor de un Rey, sino que en alguna parte se le ha querido como a un hombre.

Y pasando de esta conmemoración triste a cosas más apacibles, diré que también juzgo muy halagüeño, para un archimillonario como el marqués de Comillas, que la tierra donde nació y donde se vio tocar las nubes su fortuna, se la haya perdonado, y no sólo se la haya perdonado, sino que se recree en ella y la mire y considere como si fuese de todos y a todos aprovechase.

Es verdad que los marqueses de Comillas procuran gastar en su país, y en beneficio de su pueblo natal, gran parte de sus millones. Ni son ellos el único ejemplo que en España existe, de capitalistas que se consideran depositarios del caudal y dan a los trabajadores y a los pobres el usufructo. Ahí están mis amigos los marqueses de Linares, que han hecho de su palacio de Madrid una nueva *casa dorada*, que asombra por su opulencia y su primor hasta en los menores detalles, y han protegido, al decorarla, a los más insignes artistas contemporáneos; y, sin embargo, los que les conocemos no ignoramos que esta regia y fantástica mansión representa mucho menos capital que el invertido por sus dueños en enjugar lágrimas y sembrar beneficios. Otro tanto se dice en la provincia de Santander de los marqueses de Comillas; y cuando en una sola tarde contempla el viajero un grandioso Seminario, un palacio, un panteón y una iglesia, todo erigido por los López, no podemos menos de decir que esta clase de ricos son administradores inteligentes de la hacienda ajena.

No es el Seminario de Comillas, empezado por D. Antonio y terminado por D. Claudio, uno de esos edificios sombríos y rasos, que recuerdan la prisión y el hospital, y deben de producir en las imaginaciones juveniles un efecto depresivo, predisponiendo a la melancolía y creando generaciones de misántropos. De gótico estilo, profusamente adornado con airosas ventanas ojivas y elegantes cuerpos salientes que mitigan la austeridad de la extensa fachada y entretienen la vista, el Seminario, sin ser ningún portento arquitectónico, es hermosa construcción, digna de los tiempos en que se edificaba sin egoísmo y sin parsimonia, para fines sociales y colectivos, y un pensamiento de amor y de buena voluntad reunía y enlazaba las piedras. El Seminario de Comillas tiene por objeto hacer sacerdotes ilustrados y sabios: su instrucción es gratuita, pues el Seminario lleva adscritas pingües rentas, y la carrera, que durará doce o catorce años, comprenderá toda clase de estudios superiores. Analizar el Seminario de Comillas desde el punto de vista pedagógico, requeriría condiciones que yo no poseo y una monografía larga.

El palacio, residencia de verano de los marqueses, se eleva sobre una colina, domina un vallecito y mira cara a cara al Seminario, cual si lo vigilase.

En la construcción del palacio se han agotado las monerías y delicadezas del estilo gótico florido; mejor podría decirse gótico calado y bordado. Nunca la ya manoseada comparación del encaje con la piedra se pudo aplicar con mayor exactitud. La gracilidad, la sutileza afiligranada de los adornos asusta; diríase que el palacio va a derretirse. Tanta delgada columna sosteniendo graciosas logias; tanta crestería coronando los Anos huecos de los ventanales; tanto balconaje recortado y aéreo que avanza dibujando gallardamente sus dentellados picos; tanto friso y tanta imposta de hojas esculpidas en relieve y al parecer desprendidas y vibrantes al soplo del viento, causan la impresión de algo que más que arquitectura, es orfebrería, y que conviene resguardar en un estuche. No parece tampoco palacio, ni quinta, ni menos fortaleza; aseméjase a una abadía, y la imaginación se lo representa iluminado interiormente con cirios, y ve que sobre el fondo, por las balconadas que recortan la amarillenta claridad, cruza una procesión de monjas pálidas, esbeltas, de manto flotante, con los ojos bajos y el andar pausado y mudo.... Por que –tal vez esta observación caracterice bien la arquitectura peculiar del palacio–monjas han de ser y no monjes. Y monjas que tengan algo de sueño, monjas anémicas y lánguidas como lirios.... La suavidad, la *miévrerie* de este gótico rechaza toda idea viril. Aquí no se comprenden barbudos guerreros ni ascéticos frailes.

Interiormente, el palacio está decorado y alhajado con riqueza, pero hacen mal papel las pinturas que recuerdan la fundación del Seminario. Quizá en un edificio de estilo moderno no me parecerían tan agrias y desentonadas estas pinturas.

El museo que va reuniendo el marqués tiene el mérito de componerse, en su mayor parte, de objetos recogidos en la provincia. Se puede leer allí, en media hora, la historia de la civilización montañesa, empezando por la flecha de sílex y el punzón de hueso de las cavernas, siguiendo por las hermosas monedas romanas y los santos apolillados de la Edad Media, hasta las ricas tallas de nuestros días. La idea es excelente, y hago votos porque el museo crezca como la espuma. A la puerta del museo hay una preciosa estatua semiyacente, de un hermano del marqués.

El panteón de la familia López tiene, como el palacio, no sé qué de frágil, de ligero, trazas de juguete. No es muy grande, pero lo hace parecer aún más estrecho y afinado la elevación de su prolongadísima flecha. La capilla-panteón, donde no se ha escatimado el dinero, es una catedral en miniatura. Su ábside, que alumbran fenestras con vidriería, encierra los sepulcros de los fundadores. Bronces, mármoles, rejas, tallados, altar y sarcófagos, son de lo más rico y bien labrado que se puede concebir. Una efigie yacente, el "Cristo muerto", obra, según creo, de Vallmitjana, habla de dolor y de esperanza a la vez.

No puedo dedicar a todo esto elogio más cabal que decir que le perdono el que sea de construcción tan reciente. Hoy aún desafinan los colores: cuando el tiempo amortigüe el rebrillar de los bronces y la blancura excesiva del mármol y de la piedra, tendrá el encanto que le falta. Empresa imposible la de adelantarse a los años, y gran artista, superior a todos los artistas, el viejo *Kronos* que se traga las edades.

Sin duda, estos esplendores merecían más detallada reseña. He de dejarme en el tintero la mayor parte, y hasta la original pagoda chinesca, obra y propiedad, según tengo entendido, de un pariente de los marqueses –y obra extrañísima, de pesadilla–; pero ya suena la hora de decir adiós a la Montaña, internándonos, por vía de despedida, en sus más profundos senos –las discutidas cuevas de Altamira.

Pinturas de Altamira

He aquí el enigma de mi viaje, el problema que trae a la greña y enzarzados a los sabios especialistas, la curiosidad que aspiro a ver de cerca y por mis ojos, para quedarme, después de haberla visto, sumida en iguales dudas, si no mayores. Me refiero a las cuevas de Altamira y a las singulares pinturas de su bóveda.

Cuevas o grutas de la edad de piedra, que se supone fuesen habitaciones trogloditicas, encuéntrense en distintas regiones de España, y el invariable botín que en ellas suele recogerse –conchas, lapas, caracoles, huesos, astas y muelas de animales, fragmentos de sílex aguzados o labrados en punta de flecha– no me incitaba a emprender la bajada, y menos sabiendo que ya la cueva se ha registrado mucho. Revelan estas cuevas de qué modo nació la vida doméstica (todo lo embrionaria y ruda que se quiera, pero doméstica al fin, con fuego que cuece los alimentos y alcobas donde se duerme sobre las pieles de las fieras); indican también los albores de la industria, porque el fabricar los utensilios de menaje y las agujas toscas y los cuchillos y los dardos de piedra, industria es, aunque tan imperfecta y elemental; pero si la cueva de Altamira (situada a muy corta distancia de Santillana, en unos prados fresquísimos del lugar de Vispieres) no encerrase ninguna superchería; si las pinturas que la decoran, únicas en el mundo, pudiesen proclamarse en voz alta obra del hombre de las edades neolíticas, allí habría tenido su cuna algo que me importa más que la vida doméstica y que la industria: el arte.

Digo si no encierran ninguna superchería, porque, en opinión do bastante gente, la encierran y grandísima y escandalosa. Cumple a mi lealtad consignarlo por lo mismo que mi impresión (sin valor ni alcance, como de persona profana en la materia) es muy favorable a la autenticidad de las célebres pinturas, y, sobre todo, a la casi imposibilidad y a la patente inverosimilitud de que tal superchería pudiera realizarse.[1] Añado que si superchería hubo, el que la discurrió es maestro, y bien debe

1. Al pasar por la estación de Reinosa, a mi regreso, me fueron ofrecidos espontáneamente un folleto y los datos que demuestran la falsedad de las pinturas, pero ni el folleto ni los datos llegaron a mis manos, por lo cual me atengo a lo único que sé.

de reírse allá para su sayo viendo la zambra que armaron sus tretas y lo que nos calientan los cascos todavía.

Al combinar la excursión parecía que no faltaban en ella riesgos que la hiciesen más atractiva. Nos advirtieron que sería posible entrar, no sin precauciones, en la primera sala de la gruta, que es precisamente la que encierra las pinturas, pero que ¡el diablo que intentase salvar los impracticables pasadizos y llegar a la *catedral* subterránea, que resguarda un tajado precipicio! Del peligro que envuelven los desprendimientos de la bóveda habla Rodrigo Amador de los Ríos, y nuestro amable huésped el marqués de Robledo, al poner a nuestra disposición una brigada de aldeanos provistos de linternas, palas y azadones, nos encomendó la prudencia. Los aldeanos, a su vez, sin temor a las piedras ni a los abismos, no las llevaban todas consigo respecto a la contingencia de que en las cuevas se apareciese alguna *ojáncana*, o bruja de un solo ojo en la frente, cuya mirada es mortal.

Resueltas a acabar la espantable aventura, aunque sin esperanzas de encontrar en las cuevas tantas maravillas como el Ingenioso Hidalgo encontró en la sima de Cabra, salimos de Santillana a pie, convidándonos a andar un senderito delicioso, abierto entre los prados más floridos de los muchos que he gozado en esta provincia. Nada delata a la vista la existencia de la cueva, cuya escondida boca se abre entre zarzas, defendida por una reja.

Penetramos llenas de ardimiento, y salvados algunos pedruscos y trozos de arcilla que obstruyen la entrada, nos encontramos en una vasta sala, casi redonda, de desigual altura, cuyo suelo es una densa capa de *restos de cocina*, negras cenizas, huesos calcinados o que se deshacen en polvo, y conchas muy enteras aún. La incierta luz de las linternas proyecta en el techo caprichosas sombras, y allá, en los rincones donde se juntan el techo y el pavimento, creemos advertir la vaga forma de unos asientos o bancos que prestan a este lugar aspecto como de templo o sala de Consejo; algo que no sé definir, porque su informe rudeza no lo consiente; pero que indica obra y labor humana. Sentadas, o casi echadas por tierra, alzamos la vista y consideramos con asombro las pinturas.

Por las anfractuosidades de la amarillenta bóveda corre y retoza una gigantesca manada de animales antediluvianos –bisontes, renos, corzos, caballos, jabalíes– y sus rojizos corpachones, a la dudosa claridad que nos alumbra, parecen animados por una vida fantástica. Infunden miedo, aunque entre ellos no figure uno de los más horribles, el oso de las cavernas o *ursus spae-*

leus; pero sabemos que el esqueleto del monstruo fué encontrado en estas mismas cuevas, al excavar en el más apartado rincón, donde, herida, solía refugiarse para morir. Y olvidando la cuestión de la autenticidad de las pinturas, pienso en la azarosa vida de nuestros progenitores de la Edad de Piedra, obligados a albergarse en estas lobregueces, revueltos con los despojos de su grosera manutención y despertados de su sueño intranquilo por el ronco resuello de la fiera agonizante. En mi alma se eleva un himno a nuestra civilización, que nos sacó de las cuevas sombrías y nos dio luz, serenidad y reposo. Cuando en apacible gabinete leemos el último libro del pensador o del poeta, no nos acordamos de aquel desventurado abuelo, que luchaba con los osos sin más armas que el hacha de pedernal.

Volviendo a las pinturas, declaro que las encuentro demasiado bien hechas para la fecha que se les atribuye.

El dibujo es libre, fácil y seguro; y si aquí no hay trampa, reconozcamos que en las cuevas de Altamira existió el Apeles de las edades prehistóricas. Con habilidad singular, aprovechó para su trabajo el artista decorador los altibajos de la desigual bóveda, y tal cual de estos enormes animalazos, que miden de dos a tres metros de longitud, sorprende por la verdad de su diseño y lo movido de su actitud. Y allí mismo, sobre el terreno, mientras nuestros guías cavan para rebuscar en la capa de cenizas, bien escudriñada y a, algún raspador o la punta de algún dardo, averiguo cómo se descubrió el sorprendente fresco. Según el relato que por mil razones debo creer fidedigno, he aquí la historia:

Hace poco más de veinte años ora absolutamente ignorada la existencia de las cuevas de Altamira. Una pregunta hecha al azar por don Marcelino Sautuola, persona aficionadísima a los estudios prehistóricos; le enteró de que en Vispieres existía una boca, disimulada entre la maleza, por donde los campesinos veían alguna vez entrar a los tejones y a las *rámilas*. Engolosinado Sautuola, preparó la exploración, y se descolgó a la cueva, cuyo ingreso, como do pozo, era entonces muy difícil. Al pronto, ni miró Sautuola hacia el techo; sólo pensó en arañar la tierra, con la fiebre de los hallazgos. El tercer día, una niña de corta edad, que acompañaba a los exploradores, lanzó un grito, y señaló con su manecita las pinturas. Los grandes no las veían, porque siendo entonces mucho más gruesa la capa de restos, les faltaba espacio para erguirse, mientras la niña, con su corta estatura, podía contemplar la bóveda. Al enterarse de las pinturas, debió de ser inmenso el entusiasmo del descubridor. Por ellas, la cueva de Altamira es singular entro todas las conocidas en el mundo.

Admitida la exactitud de este relato, no cabe ni sospechar engañifa en las pinturas. La cueva estaba oculta; en los primeros días de descubierta no había tiempo ni de idear tal amaño, supuesto que de él fuese capaz el señor Sautuola, presunción que niegan enérgicamente cuantos le conocieron y trataron. De haber existido superchería, tuvo que ser anterior muchos años al descubrimiento de Sautuola; pero ¿cuántos? nadie en el país hace memoria de la existencia de la cueva y sus pinturas; los aldeanos más viejos no conservan tradición.

Tendríamos que atribuir a la broma fecha lo menos de un siglo; y hace un siglo nadie conocía la fauna prehistórica, representada en el techo, ni siquiera asomaba la novísima ciencia de la prehistoria. Además –sigamos razonando–, ¿qué objeto podía proponerse el que hace cien años falsificase estas pinturas? ¿A qué dedicar largos días, paciencia y dinero, a una humorada que no iba a tener más público que las *ojáncanas*?

Están ejecutadas las pinturas mediante un procedimiento que no me explico bien. Sobre la arcilla amarillenta del techo, donde constantemente rezuma el agua, parece –y digo *parece* porque no estoy bien segura de que así sea– que con un pedazo de sílex se ha abierto tenazmente la línea del contorno de los animales, señalándola después con carbón. El color de los cuerpos se ha dado con un ocre del cual se encontraron fragmentos y tejos, envueltos entre la ceniza, en las primeras exploraciones de la gruta. Lo extraño es que este ocre ni ha palidecido ni se ha grieteado, a pesar de hallarse impregnado de agua. Diríase que es indeleble, que forma un todo con la arcilla. Se le pasa el dedo y no desaparece. ¿Qué procedimiento es este que resiste a la constante humedad y a la acción del tiempo?

Sauluola dio una prueba de buena fe al reconocer que la mano que trazó estas pinturas no es inexperta, sino segura y firme, al declarar que debió ejecutarlas en posturas muy difíciles y sirviéndose de luz artificial, y que realmente no concibe cómo se las arregló el pintor primitivo. El dibujo fue tal vez la primera manifestación artística; aun hoy se observa cuan precoces son algunos niños en delinear. Pensaba yo en esto, y en que ciertos huesos y utensilios realmente prehistóricos ostentan dibujos bastante apreciables. ¿Bastará para dar por auténticas las pinturas de Altamira? Y si lo son ¿cómo no han metido más bulla? ¿Cómo no vienen aquí en romería los Mortillet y los Quatrefages? ¿Qué pensarán de estas pinturas los sabios de otros países?

No cavilemos más, y vamos a visitar las otras estancias. Aseguran los guías que para semejante atrevimiento "se requieren pantalones;" pero yo sé que damas tan pulcras como las hermanas de Alfonso XII han realizado la aventura, y no la creo superior a mis fuerzas ni a las de Blanca, siquiera se hayan borrado con el tiempo las entalladuras abiertas en el precipicio para facilitar algo el camino que habían de recorrer Sus Altezas.

Animo, pues; agacharse y enjaretarse como se pueda, de lado o de rodillas, por un pasadizo salpicado de fragmentos de roca que nos conduce a una estancia de mediana altura, de suelo blando, resbaladizo y húmedo. Allá a lo lejos, entre medrosas sombras, ábrese algo que parece abismo, y no es sino la *catedral*, con su bóveda de diez metros de elevación y su lindo *púlpito* de estalactitas y estalagmitas.... Para llegar hasta allí es preciso despeñarse, o poco menos, por una pendiente parecida a aquellos lugares de horror que el lápiz visionario de Gustavo Doré representó en la ilustración del *Infierno*. Pero apenas la salvamos y nos encontramos en el majestuoso circuito, creemos pagada con creces la molestia. Al débil rayo de las linternas parecen soñadas las formas del *púlpito*, las largas agujas y pináculos que se buscan sin juntarse, como almas encendidas en platónico amor. La inmensa altura de la bóveda, contrastando con lo ahogado de los pasadizos, eleva el alma.

El ambiente en aquellas profundidades subterráneas es de singular benignidad, ni caliente ni frío; y ni en las paredes, ni en el techo, ni en el suelo veo rasgos de vegetación ni indicios de la presencia de ningún ser organizado. Temía, a la verdad, cuando entré, sentir el asqueroso roce del ala del murciélago; pero aquí no existe la vida. Ni un insecto mora en estas cuevas eternamente solitarias, que recuerdan ciertas descripciones del *Viaje al centro de la tierra*, de Julio Verne. Por un pasadizo más bajo y angustioso que los anteriores llegamos a) borde del hondo pozo, donde se caería el que viniese descuidado, y a cuyas dormidas aguas enviamos una piedra, que resuena melancólica al descender....

Y sin prisa, sin deseo alguno de acabar esta peregrina excursión, si bien algo fatigadas, salimos, no a *riveder le stelle*, sino a disfrutar otra vez la claridad del día y los prados cubiertos de flores, que nos sonreían como para decirnos adiós. ¿Quién es capaz de saber si volveremos jamás a la Montaña?[1]

1. Cumplo un deber de gratitud al recordar aquí las atenciones que hemos debido a mis buenos amigos los señores D. Rafael Torres Campos y D. Federico Vial, y que facilitaron mucho la redacción de estas páginas. - Y al reimprimir formando volumen estas notas de viaje, debo añadir también que un eminente geólogo francés acaba de manifestarme en Burdeos que, escéptico al principio con respecto a las pinturas, ha llegado a creer en su autenticidad por descubrimientos de otras análogas en Méjico y en Francia, en la Vézere.